Zwischen Ebbe und Flut

Zwischen Ebbe und Flut

Heide-Marie Kalweit, geboren in der Hansestadt Stralsund, lebt seit vielen Jahren in Berlin. Nach einem diplomierten Studium für Hochbau arbeitete sie in Architektur- und Ingenieurbüros in Sachsen, Unterfranken und Berlin. Die Anregung zum Schreiben fand sie durch die Teilnahme an Gedichtwettbewerben der Frankfurter Bibliothek und der Bibliothek deutschsprachiger Gedichte. Sie ist Preisträgerin des Wettbewerbs des deutschsprachigen Gedichtes, absolvierte erfolgreich ein Fernstudium "Lyrisches Schreiben" und publiziert seither ihre Gedichte, u.a. in Anthologien.

Heide-Marie Kalweit

ZWISCHEN EBBE UND FLUT

Gedichte

Beziehungsweise
Lyrik

Bibliografische Information der Deutschen Nationalbiblio-
thek:
Die Deutsche Nationalbibliothek verzeichnet diese Publika-
tion in der Deutschen Nationalbibliografie;
detaillierte bibliografische Daten sind im Internet über
http://dnb.d-nb.de abrufbar.

Verlag: BoD · Books on Demand GmbH,
In de Tarpen 42, 22848 Norderstedt, bod@bod.de
Druck: Libri Plureos GmbH, Friedensallee 273,
22763 Hamburg
ISBN: 978-3-7597-2426-7

Von Ebbe und Flut

Einssein

Sei mit mir eins
entzwei mich
und zerteile
und reiße alte Wände ein
in mir

und sei nicht eins
verzweig dich
und verweile
und decke meine Wunden zu
mit dir

Wen kann ich fragen

wenn das Herz überläuft
wo läuft es hin
über was
ist da ein Rand
was läuft da wohin
und warum
kommt es zurück
wen kann ich fragen

Was ist Liebe

sag mir was ist Liebe
ist sie Brot und Wind
ist sie Dach und Wiege
formt uns
wie wir sind

kann sie uns verlieren
an den nächsten Tag
leicht in uns erfrieren
ohne Wellenschlag

ist auch dunkles Bangen
und berauscht wie Wein
stillt uns das Verlangen
lässt uns einfach
SEIN

Verpasst

beinahe berührt
in Gedanken erspürt
doch ruhlos
verpasst

in Hast
viel geredet
wenig gesagt
weiter vertagt
das Wetter in uns
und die Düfte im Haar

verraten
das dumme Herz
weg gelächelt
gar mutig erstickt
die Schmetterlinge im Bauch
heruntergeschluckt
den Schmerz

kurz mal auch
in die Augen geblickt
doch lang nicht genug
und niemals zu viel

Glück und Glas

das Glück so zäh
so zäh oft das Glück

das Glas hält länger
was es verspricht

nach grauer Zeit
ist vor grauer Zeit

dein Glas bleibt leer
du kommst nicht

Ohne Antwort

im Netz der Fragen
zu eng verstrickte Worte
eins rechts eins links
eins rechts eins links
die Luftmaschen fehlen

jedes Wort ist Energie
ungezählt die Versuche
eins rechts eins links
eins rechts eins links
das Patent-Muster verlegt

du lässt mich stehen

Auf dem Holzweg

ein Herz gut verpackt
in Worte
und das Papier
auf dem sie stehen
doch zerlesen die Bücher
hölzern das Herz
wärst du nur selber gekommen

Lieblos

Wenn die Liebe nicht mehr reicht
wenn umsonst verströmt
entweicht
auch dem Liebenden der Mut
abgeprallt an kalter Glut

Abschied
(Hommage an Rainer Maria Rilke)

Abschied ließ fühlen es war was verband
das leuchtende Schöne schmerzvoll versank
was einst uns zusammen gebracht

In meinen Tränen ach wie warst du klein
gabst mir noch ein Lächeln sahst mich allein
verbannt schon ins Dunkel der Nacht

Dein lautloses Winken traf mich ohne Wehr
das weitere Winken galt mir schon nicht mehr
war hastiges Flattern im Winde

als flöge ein weißer Vogel vielleicht
verschwommen dem Flaum einer Feder gleich
verwirrt aus dem Laub einer Linde

Unsere Zeit

Die Zeit ist endlich, rar,
kein Schatten ist zu sehen,
ihr Lauf bleibt unsichtbar
und oft nicht zu verstehen.

Gerad' klebt sie an der Wand
und lässt sich nicht verrücken.
Doch Bauch und mein Verstand,
sie wollen anders ticken.

Mein Haus war lange leer,
der Mond hing in den Seilen.
Im Chat stand so viel mehr
auch zwischen unsern Zeilen.

Die Zeit versinkt in mir,
Erinnerungen steigen.
Sie führen mich zu dir
in ihrem schönsten Reigen.

...

3 Punkte – ohne Worte
Gedanken blitzen auf
Beziehungsweise Orte

3 Punkte – hohe Bäume
Momente blitzen auf
Beziehungsweise Träume

3 Punkte – Sehsuchtschmiede
Gefühle blitzen auf
Beziehungsweise Liebe

Neue Zeitrechnung

ich sammle die Minuten von den Straßen
die uns trennen
nehme das Licht von den Wiesen
unter den hohen Bäumen
dort wo wir lagen
suche die Welle
die uns trug
und dividiere alles durch die Zeit
die uns bleibt

Süßer Wunsch

was ich mir wünsche
ein Frühstück zu zweit
und etwas Zeit

das alte Kleid tut's noch
aber stell dir vor
so ein paar Erdbeeren

die den Magen
ja gar nicht beschweren
einfach von Mund zu Mund

in den Augen ein Lächeln
was gut tut
kann man doch nutzen
statt Gläser zu putzen
und keine Sorge
wenn ich dich dabei leise berühre

aus dem blutroten Rest
mach ich morgen für dich
gerne noch

Konfitüre

Mit Zucker und Salz

Ich liebe den Tag
der so reich ist
und wie ein Schmetterling leicht ist
der nie dem Vortage gleich ist

voll Sonne
von Liebe durchweicht
mit Salz und Zucker bereift
den Tag
der die Wolken erreicht

von dem alle Traurigkeit weicht
der viel zu schnell oft verstreicht
und eigentlich nie wirklich reicht

den Tag liebe ich

Verschenkt

Ich schenke meine Stunden
dir gern und freien Raum,
verschenke meine Grillen,
zu jedem Blatt den Baum.

Ich schenke auch Vertrauen,
verschenke manche Tat.
Ich schenke dir Gedanken
und gutgemeinten Rat.

Und schenk dir reinen Wein ein,
den Festen etwas Glanz,
dem Meer meine Gedichte,
dem Abend meinen Tanz.

Verschenkt die blauen Tage,
verbrannt der schwarze Schnee,
verblasst die Sommernächte,
verblüht der Hoffnungsklee.

Ich schenke dir mein Lachen,
ich schenke dir mein Wort.
Am Ende bleibt mir nichts mehr.
Verschenkt ist alles, fort.

Herz aus Stein

die alte Leier
immer wieder
von der Liebe

und wenn's keine war

Einfach so

die Hand
die meine suchte
wollte gar nicht halten
einfach so
kann passieren

kein Platz für Liebe
keine Zeit
zu suchen zu finden
die Wege
wer geht sie noch
einfach so

wer zu viel gibt
kann alles verlieren

Nicht ...

weil ich hier bin
bist du da

sondern
weil du da bist
bin ich hier

Auf Schwingen des Traumes

ein Lächeln
aus dem falschen Leben

wenn wir uns ansehen
auf den Schwingen des Traumes
alles September und Licht

aus dem falschen Lächeln
ein Leben

Wege

Wege
führen ins Leere
ohne Vertrauen
bleibt die Liebe ein Fixstern
hinterm Horizont
der Himmel
fern

Nach dem Abschied

wenn der Tag so blass
dass er unsichtbar scheint
wenn die Nacht tiefschwarz
mit dem Regen weint
fehlst du

wenn die Stunden zerfallen
in der Handvoll Glück
unsre Worte verhallen
nicht mehr finden zurück
fehlst du mir

wenn die Sonne mich küsst
und ein Windhauch streicht
ein Gedanke nur zählt
mich beflügelt nicht weicht
dann fehlst du mir
sehr

Nur du

du
nur du
immer nur du
du nur immer wieder
immer noch
du

Von Ebbe und Flut

bist du die Flut
dann sei mir auch die Ebbe
und bist du Ebbe komm ich wieder mit der Flut
in allen Wassern
suche
und errette
mich vorm Verebben
meiner Liebesglut

Spuren im Sand

in unsern Spuren
lass uns den Winter
verschlafen
die Stunden nicht zählen
nicht fühlen die Tage
die Einsamkeit
die Schatten der Nacht

bis die Wellen vielleicht
uns wiederfinden
uns binden
aufnehmen und
mit sich fortreißen
ins große Meer
der Liebe

Sonnensegeln

für einen Moment innehalten
sich fallen lassen

mit geschlossenen Augen

spüren
das Licht
die Glut der Sonne
der Wiese Rot

mitten im Klatschmohn des Sommers

hinter den Augen
Spiralen und Ringe
wachsen die Kreise

wissend
um das Glück mit dir

Du tust mir gut

tust du mir
gut tu ich dir
gut was
wir tun uns
gut zu wissen

tust du mir gut
tu ich dir gut
gut was wir tun
wir tun uns gut
gut das zu wissen

Reduktion der Liebe

heute drei Buchstaben im Chat
hdl
statt elf
statt der drei Worte

glühender Smiley
bedingter konditionierter Reflex
Lachen
Reduktion der Gefühle

gestern noch Liebe
wie von einem anderen Stern

vorgestern die Liebesbriefe
auf seidigem Papier
aus der Mode
und doch nicht vergessen
sorgsam abgelegt
im Schrank der Erinnerungen

wenn ich an Zitronen denke
denke ich an Pawlow
unbedingter Reflex
von Pawlow weiß wohl
keiner mehr

Reduktion des Lebens

dabei läuft mir doch
das Wasser im Munde
zusammen

Am Morgen

früh
wenn der Tag noch mir gehört
singe ich mit den Vögeln
ihr erstes Lied
und schicke es
auf einer rosa Wolke
zu dir

Im leichten Wind

gib den Gedanken freien Lauf
lass deine Liebe treiben
soll sie sich reiben an Zeit und Gebrauch

flieg mit dem leichten Wind
den Kindern gleich
ins Wünschereich

wecke behutsam die Sinne
träume und spinne
den Faden weiter

Dinge sind so wie sie sind
sei einfach
heiter

Loslassen

Leere Arme tragen sich schwer.
Die wir lieben
senden nachts die Sterne.

Vom Werden und Vergehen

Lächelnder Frühling

leicht spielt der Wind
mit dem Vorhang der Weide
sie träumt wohl
vom kommenden Sommer in Grün

die Buschwindröschen
im schneeweißen Kleide
erst zaghaft
die dunklen Wälder durchzieh'n

ein Hauch von Rosa
schwebt schon in den Bäumen
durch die noch
das fahle Winterlicht fällt

und auch die Sträucher
woll'n jetzt nicht versäumen
Besitz zu ergreifen
vom Sonnengelb

der Mond aber zeigt
ein Lächeln im Werden
bringt neuen Glanz
in sein altes Gesicht

verbirgt sein Geheimnis
in Wolkenherden
und schickt der Erde
sein wachsendes Licht

Noch

zugefroren der Teich
das Eis unter den Füßen
knistert bei jedem Schritt

Trotziger Frühling

in der Nähe des Hauses
flinkes Wolkenspiel in Pfützen
der Kahlschlag Kieshügel Krater
die Tulpen Schutz suchend
erinnern mich daran –
vor dem Wind
nichts Neues kaputte Natur
es schwellen die Triebe
aber ich vergesse das gern
im letzten Schnee
solange ein Strauch steht

Im März

mit Sonnenstrahlen lockt der Park
die Luft fängt an zu schwingen
manch Rasenfläche ist noch karg
die Eichenblätter weg geharkt
die ersten Vögel singen

es treiben und es wachsen schnell
die Knospen an den Bäumen
die Märzenbecher leuchten hell
das Gelb der Krokusse scheint grell
die Bank lädt ein zum Träumen

denn langsam kommen Farben satt
schon blüht der Mandelbaum
ein Ende all das Graue hat
die Hoffnung hängt an jedem Blatt
der Frühling schafft sich Raum

Alles kommt wieder

schon erster Flieder
im frischen Grün
Scharen von Vögeln
nach Norden zieh'n
so quälend die Sehnsucht

alles kommt wieder

mit wärmender Sonne
die laue Luft
im Haar bald
der Duft
von der Rose
am Strauch
vielleicht auch
von Liebe
verstummt die Enttäuschung

alles kommt wieder

die Mohnblüte im Feld
und das Mittsommerlaub
gesättigte Freude
der Straßenstaub
und noch so viel Neugier

alles kommt wieder

Blasse Kirschen

Wo nur sind die Sommerdüfte?
Grau und nasskalt ziehen Lüfte
durch das regenschwere Land.

Was ist mit der Sommersonne?
Süchtig sind wir nach der Wonne
einer lauen Sommernacht.

Und dann doch:
Wer hätt's gedacht?

Nach der Sommernacht, der lauen,
sieht man früh den Himmel blauen,
fröhlich zieht ein Wolkenband.

Sommerwiese, Sommerdüfte,
auch die fast vergessnen Lüste
scheinen nah wie Sommerflieder.

Sommertage
ohne Frage!

Doch da regnet es schon wieder.
Alles bleibt ein Sommertraum.
Kirschen blass und nass am Baum.

Trübe Aussichten

Bohr doch in die Wolkendecke
einfach mal ein kleines Loch,
steck die Finger durch und recke
dich noch etwas weiter hoch.

Tauche dann durch graue Nebel
endlich in das Himmelblau.
Und im Sonnenstrahlenkegel
wärm dich, blick hinab und schau

auf die Erde, auf die Pfützen,
auf die Möwen dort am Strand.
Siehst mich auf dem Laken sitzen,
Regenschirm weit aufgespannt.

Sommer auf Hiddensee

Wiesengrün im Sonnenglanz
Meeresbläue
Schwalbentanz

schilfbedecktes Häuserweiß
Bootewiegen hinterm Deich

Sturmgebraus und Wogensingen
Endlosstrand mit Möwenschwingen

graue Gischt und Wellenkämme
Bernsteinfund und Muschelschwemme

steile Küste
weites Land
hoher Himmel
Wolkenrand

feiner Sand
fast weiß wie Kreide
in blaugrüner Dünenheide

gelber Sanddorn
Rosenhänge
lila Sonnenuntergänge

Stille Farben Licht und Duft
eine ganz besondre Luft

westwindausgezehrte Bäume
zaubervolle Inselträume

Regentropfens Hoffnung

drei Wolkensprünge weiter
der Himmel sonnenleer
drei Wolkensprünge weiter
zog sie mich aus dem Meer

drei Wolkensprünge weiter
war da der kleine Spalt
drei Wolkensprünge weiter
gab mir die Sonne Halt

drei Wolkensprünge weiter
verfehlte ich das Glück
drei Wolkensprünge weiter
fiel ich ins Meer zurück

Überfahrt

Abwerfen
das Gestern
die Last der Stadt

Auf dem Wasser
die Erinnerungen
schwimmen mir
voraus

Umso leichter
setzte ich
den ersten Fuß
an Land

Rückzug
auf 17 Quadratkilometer
die Begrenztheit der Insel
umfängt mich

Am Ende
laufen
alle Gedanken
ins Meer

Sonnenschöner Morgen

durch die Wiese
mit Gänseblümchen laufen
barfuß
in tiefer Stille

nur das Gezwitscher der
Vögel
spüren
die Frische
wie grüner Samt
unter den Füßen
im Rücken die Sonne

an der Ligusterhecke
betörend der Duft
im Gesumme der Bienen
die lautlose Freude
unzähliger Falter

vom Wasser her
lösen sich Wolken und Sinne
aus Zeit und Raum
gleichförmig das tiefblaue Meer
immerfort

Begrüßung

letzte Schritte
die Düne hinauf
immer schneller

doch die Schuhe ertrinken
versinken im Sand
bremsen halten
erden den Stand

und du hörst nur
du schmeckst es und riechst
und endlich
fühlst du's und siehst

das Meer

Das Meer

das Meer
ja das Meer
und immer wieder das Meer

ein Wellen ein Wiegen
Wasserzerstieben
geräuschvolles Stöhnen
Klatschen und Tönen
Donnern und Toben
in brechenden Wogen
mal grün und mal grau
dann wieder tiefblau
ein Kräuseln ein Glucksen
Muschelanschubsen
in Abendlichtfluten
und brandroten Gluten
voll Silbergefunkel
und Schimmer im Dunkel
schaumgekrönt
sonnenverwöhnt
des Himmels Spiegel
verschwiegenes Siegel

das Meer

Inseltage

Morgens

im Osten das Licht
ruft nach dem Tag
weckt seidige Winde
streut Bläue ins Meer
am Wasser noch
streift mich
die Kühle der Nacht

Mittags

die Luft flirrt
in Mittagsglut
träge laufen
meine Gedanken
über den Sand
verbrennen sich die Füße
selbst die Möwen vergessen
ihren Schrei

Abends

auf Abendsonnenstrahlen
tanzen
meine Träume
lila das Meer
im Schweigen des Windes

Nachts

Sterne durchfluten
das magische Schwarz
der Nacht
in silbernen Sicheln
wiegt sich das Meer
und mich
in den Schlaf

Haiku

Hoch steht der Sanddorn
in den Düften der Sträucher
die Beeren wie Gold

Spätsommer

Der Sommer geht
durch hohe blaue Tore
den Diamanten gleich
verschwendet er sein Licht
das durch die Morgennebel fällt
so weich wie Seide
und auf den Wassern
sich in tausend Spiegeln bricht

Noch wärmt er
jedes Sandkorn an den Stränden
gräbt seine Glut
in alle Mulden ein
streicht durch die Gräser wie
mit goldnen Händen
legt seine Speicher an
in jedem kleinen Stein

Sanddornzeit

Frühnebel
filtern das Licht
nur langsam
kommen die Farben der Insel

Morgentau
verfängt sich
im Netz der Spinne
Wind zupft die Saiten

Sonnengold
auf Beeren und Sand
Wiesen summen
das Lied der Grillen

An Rosenhängen
ruht nun der Duft
des Sommers
in roten Kugeln

Inselherbst

wie aus den Angeln
gehoben
das Leben
nur Weite
nur Sand und Wind
hemmungslos wild noch
die Rosen am Hang
zügellos nur die Pferde
auf den Wolkenbänken
über dem Meer
weit weit draußen
schwimmt Sehnsucht im Blau
Sonnenperlen fluten den Strand
septemberleer

Vor dem Sturm

so blankgefegt
der Himmel
die See schlägt müde
um sich
um uns

die blauen Föhren
vom Wind geschüttelt
singt er in Gräsern
bläst uns ins Haar

zerweht vom Sturm
in die Brandung gestürzt
der wildtraurige Schrei
der Möwen

das Wasser im Brüllen
schäumt tosend heran
wäscht Sand und Strand
so glatt
so leer

Sonnensteine

weiche leichte
brennende Steine

rotbraunes Feuer
von Sonne geklärt

blank schon
geschliffen
weiß gelblich verschmutzt
Zapfen und Knochen
getrübte Tropfen
Platten und Schlauben
aus längst versunkenen Wäldern

in Schwebe gehalten
an Land gespült
in Wasser
geronnene Tränen
der in Bäume verwandelten Töchter
des Sonnengottes

verehrt und begehrt

Bernsteine

Die kleine Muschel

Weiß nicht mehr, was mein Auge hielt,
doch plötzlich fiel's auf dich.
Ich stand dem Wasser zugewandt,
die kleine Muschel in der Hand
und sah in dein Gesicht.

Zwei herbstlaubbraune Augen warn's,
gesprenkelt leicht mit Moos.
Sie schauten mich so fragend an,
ich weiß genau noch wie und wann.
Dein Blick ließ mich nicht los.

Seitdem such ich nun jedes Mal
die Augen dort am Strand.
Wenn's Wasser glitzert schön wie nie,
denk ich an Herbstlaub und an sie.
Die Muschel in der Hand.

Im goldenen Licht

ich hab den Herbst gesehen
wohl gestern früh am Wald
wo Ahornbäume stehen
sucht er auf Blättern Halt

die kleinen gelben Flecke
erkennbar nur im Licht
sind noch wie schwarze Schafe
von denen niemand spricht

ich aber fühl ihn kommen
und schon seit diesem Tag
hat er mein Herz gewonnen
mit jedem Flügelschlag

die Freude kann man sehen
färbt lachend mein Gesicht
schlägt in mir Purzelbäume
und strahlt in goldnem Licht

Letzter Tag

ein grauer weicher Tag
die Blätter fallen
schon
mir zu Füßen
breitet sich der Herbst
nur in den Dünen
noch ein leichtes Widerhallen
des Sommers
milde Luft
ruht über allem
die Wolken schieben sich
der Abschied schmerzt

Ausklang

Der Abend bricht in uns herein und leise
verliert der Wind wohl in den Wolken sich.
Er schüttelt noch die trockengraue Heide.
Ihr karges Rascheln, hörbar für uns beide,
durchdringt jedoch die Stille in uns nicht.

So schweigen wir uns weiter bis zum Hafen.
Das Schweigen mauert jeden von uns ein.
Der Bodden schlägt die Boote, klopft an Planken,
die Einsamkeit in uns gerät ins Wanken,
das Wasser gluckst so froh im Abendschein.

Sanft kommt die Nacht mit sternbesticktem Himmel
und hat das Schweigen und den Tag verweht.
Das Meer läuft auf das Ufer zärtlichmatt,
die Steine lauschen ruhig dem Schwipp-Schwapp,
ein dunkler Glanz in unsern Augen steht.

Zertanzter Herbst

der Sommer war kühl
wird der Herbst so
bunt wie die Blätter
zertanzt vom Wind
davongetragen

Der Sommer war kühl.
Wird der Herbst so bunt
und wie die Blätter zertanzt?
Vom Wind davongetragen?

Der Sommer war...
Kühl wird der Herbst
und so bunt wie die Blätter,
zertanzt und vom Wind davongetragen.

Der Sommer geht

Nur zögernd greift der Herbst nach seinen Farben.
Die Espe zittert weiter in Blaugrün.
Doch letzte Nacht schon kleine Blüten starben
noch üppig weiß am rankenden Jasmin.

Der Sommer geht, September will ans Steuer,
fällt auf die Wiesen, trocknet erstes Laub.
Den Rosen schenkt er anfangs noch sein Feuer,
in Sonnenblumen strahlt er ungeheuer
und über Felder zieht er Erntestaub.

Noch sind die Blätter ihrer Gleichheit nicht enthoben,
noch halten sie sich fest an Zweig und Ast.
Wenn von Nordwest dann aber erste Stürme toben
wird es vorbei sein mit der großen Rast.

Dann werden sie sich trennen von den Bäumen
und einzigartig schwebt wohl jedes Blatt,
stürzt sich im Farbenrausch aus seinen Träumen
und will noch tagelang die Wege säumen,
bevor sein Knistern auch ein Ende hat.

Zuversicht

Stille abseits der Straße
unter den Blättern des Ginkgobaumes
leuchten Fächer des Glückes

Kalter November

Nun ist der Himmel ohne Farbe
ein stumpfes Weiß mit wenig Licht
die Wolken und die Nebellage
verdunkeln schnell die kurzen Tage
die Sonne selten sie durchbricht

Dem ersten Frost die Blätter glauben
Oktoberfeuer längst verklang
am Fenster noch die kleinen Trauben
vom Blau durchtränkt
sich Amseln rauben
doch bald verstummt auch ihr Gesang

November erst schenkt herbe Süße
den reifen Schlehen an dem Strauch
zerstreut des Herbstes letzte Grüße
bringt Schnee und sinnliche Genüsse
und vor der Bitterkeit den Rauch

Vergänglich

Schwarz schon das Laub
auf den Wegen
zertreten das Rot

und das Gold der Sonne
was wir suchen
längst verschwunden

Unsere Farben
verschluckte wohl
der November

Aber die Bäume alle
die Bäume
scheinen zu rufen

wieder und wieder
zum ewigen Treffpunkt
der Liebenden

Undicht geworden
ihre Regendächer

fragil ihre Schönheit
im Grau der Tage

Von bezaubernden Welten

Einstieg

ich klettere in mein Gedicht
umklammere manches Wort
hänge mich gern an ein Komma
stehl mich mit jedem Punkt fort

tauche in meine Gedanken
such in der Wolke Halt
werf mich ins Meer ohne Schranken
verlier mich im kleinsten Spalt

so steig ich aus dieser Welt aus
erspür eine Lebensgier
verbrenne an meiner Liebe
und tanze auf Seidenpapier

Berührt

ich möcht' wie ein Baum
den Himmel berühren
und spüren
wie sich das Blau anfühlt

wie die Blätter zum Licht
mich magisch drehen
und stehen
die Stirn vom Wind gekühlt

will wie die Welle
im Sonnenspiel funkeln
im Dunkeln
bis auf den Grund noch seh'n

mit der Möwe möcht' ich
auf weiten Schwingen
im Schrei verklingen
verebben verweh'n

Wunderland

lass mich in deine Welt
eintauchen
grab dich in meine Seele ein
ich will in deinen Schuhen laufen
und doch in meinen Schritten sein

heb mich aus meiner Grenzen Enge
leg dich in meine kleine Hand
find mich
verloren in der Menge
und such mit mir nach Wunderland

Im Nebel

In Watte gepackte
lautlose Stille

Fülle von Nichts
gleißende Hülle
des Schweigens
um Untiefen der Einsamkeit

ans Nebellicht
verlorene Welt

Schwebende Welt

Frierende Gärten
im fahlen Licht
nass Schicht auf Schicht
farblose Schleier

In dichten Nebeln
schwebend die Welt
Erinnerung hält
den nackten Baum

Schlafende Gräser
legen sich um
Stille wächst stumm
in fallende Tropfen

Stille Einkehr

Spät in der Stunde
fiel erster Schnee
Straßen und See
umgibt schon ein Hauch

Winter bringt Kunde
mit seinem Weiß
noch ohne Eis
und Schneegestöber

Morgen früh werden
Schneefahnen wehen
Kälte wird stehen
in Stille und Rauch

Ganz unterm Schnee
vergessen schon fast
Eile und Hast
vergangener Tage

Erwartung

Feierlich bis in die Nadelspitzen
tragen die Bäume schon weiße Mützen,
doch kaum einer sieht es.

Menschen strömen in diesen Tagen
aus Einkauftempeln, hochbeladen
die Wagen voll Glimmer und Glanz.

Schauen nicht mehr den Flockentanz,
erzählen kaum noch die alten Geschichten
von Weihnachtsengeln, Tannen und Fichten,
von der Waldfrau, die Märchen webt.

Und still über allem steht
leuchtend ein Stern.

Neugierig blicken Nadelgesichter
denken an Sterne, Kerzen und Lichter
und warten auf Kinderaugen.

Aufgewacht

(Für Pauline)

Das Näschen kraus
die Haare wild gekringelt
zwei runde Kulleraugen wecken dich
ein Söckchen fehlt
das andre hält geringelt
den kleinen Fuß dir mitten ins Gesicht

Ein kurzer Ruck
das Bett fängt an zu toben
die brave Decke biegt vor Lachen sich
was drunter war
fliegt blitzschnell weit nach oben
und feste Ärmchen schlingen sich um dich

Nach dem Baden

In rosa Schaum gehüllt
friert eine Kette
verloren auf dem Badewannengrund
und seufzt
‚wie komm ich bloß
von diesem feuchten Flecke
recht bald in meine Kinderzimmerecke'
und weint sich ihre bunten Perlen
rund.

Mondschafe

auf Mondscheinwiesen
Mondschafe grasen
und träumen im weißgrellen Licht

von nachtschwarzen Wiesen
Mondschafe fraßen
den Traum der im Neumond zerbricht

Himmlische Gärten

Tanz in Kristall
endlos im Fall
wirbelnder Flocken
aus himmlischen Gärten

Landschaft geweißt
Seen vereist
ins Schneewiesenreich
versunkene Welt

Am See

auf Spitzenschuhen
die Arme zu Flügeln
dem Himmel ein Stück näher

über dem Schwanensee
seidige Stille
aus Wolkentüll und Wehmut

Grand Jeté

die
Arabesken
des Lebens
zulassen

im
Grand Jeté

dann fällt
vielleicht
die letzte Tür

wie
ein Vorhang

Alphabetisches Verzeichnis der Gedichte